EL LATIDO
DE UN CORAZÓN ROTO

¿Quién había dicho que con pies pequeños
no se puede andar un gran camino?

Por Isabel Nogales

Texto ampliado de la obra

Isabel Nogales

CORAZONES GRANDES, PIES PEQUEÑOS

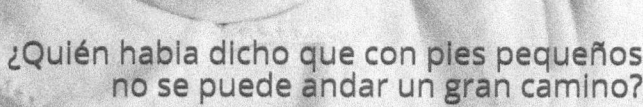

¿Quién había dicho que con pies pequeños
no se puede andar un gran camino?

Dedicatoria

A David, tus ganas de vivir fueron mi soporte en los momentos mas dificiles.

A mi familia y mis hijos , por brindarme su apoyo y cariño en todo momento y ayudarme a tener fortaleza ante la adversidad.

.

*"Nada pesa tanto como el **corazón** cuando está cansado"*.
Juan Zorrilla de San Martín

Capítulo I

La vida se abre camino

Mary no había tenido suerte en su vida.

Lo que mas anhelaba era tener una oportunidad que parecía demorarse en el tiempo y que no llegaba nunca.

¿Cuando le tocaría a ella vivir? ¿Disfrutar un poco? ¿O al menos no sentirse agobiada, dirigida por los hilos de una vida que no parecía suya?

Cuando por fin todo empezaba a mejorar… otra mala jugada del destino la empujaba al abismo; Tal era su vida… como la trayectoria de un péndulo.

El estado anímico de la joven unos años antes se reflejaba, claramente en el famoso óleo: "El Grito" de Edvard Munich, que tanto estaba de moda por su reciente robo de la Galería Nacional.
Así era como se sentía a veces. Muchas veces.
En realidad se sentía así en muchas más ocasiones de las que le gustaría recordar…

Pero hoy ya era otro día…
"un día nuevo"…
"una oportunidad nueva"…
"un día feliz supongo"… -al menos eso quería creer.

Bajó la cabeza.
Allí mismo, en su regazo, una criatura pequeñita, "casi celestial: un angelito"- pensaba -, entornaba los ojos y hacia muecas. Hora sacaba la lengua, hora gemía.

En ocasiones -cosas extrañas- abría mucho sus pequeñas manitas y estiraba los brazos, al tiempo que se encogía, como si se asustara, lo llamaban con un nombre extraño, algo involuntario y normal decían: un reflejo;..Sin embargo a Mary se le venia a la mente cuantas veces ella misma habia sentido esa sensación asustadiza, una aprensión que muy lejos de hacerla abrir los brazos, la habia llevado a sumirse en una postura casi fetal.

"Cuan distintos somos y como nos cambia la vida con la edad"- pensó.

Dejando el bebe a su lado se acomodó en la cama del hospital y se quedo dormida; Habia sido una noche muy larga.

El alumbramiento ya habia tenido lugar, sin embargo ni su mente ni sus sueños le pensaban dar tregua. De manera reiterada, mientras duró el tiempo de gestación su inconsciente le había jugado malas pasadas recordándole, una y otra vez, que este bebe podía correr la misma suerte que su otro hijo. Sin embargo no habia sido asi. Entonces, ¿por qué seguía sintiendo tanto miedo?

El recuerdo la domina, controla su cuerpo, rige su mente, e hipnotiza su corazón; es insaciable, no desaparece, como un martilleo constante escondido en alguna parte de nuestro cerebro.

Mary deseaba gritar muy fuerte, abraza a su bebe y salir corriendo, dejando todo el temor que le producía esperar el resultado. No sabía si su corazón, podría soportar más malas noticias. En realidad esperaba - mejor dicho anhelaba- que no las hubiera.

El parto había sido algo precipitado y el niño habia ya sufrido sus consecuencias: clavícula rota y hemorragia ocular, con eso se podía ya considerar que habia pagado su cuota de mala suerte en ese día.

Sin embargo, habría que esperar el dictamen médico cuando el pediatra examinara al pequeño durante sus primeras horas de vida.

Habiendo pasado las perceptivas horas, y como era Domingo, los mandaron para casa sin más protocolo y con menos respuestas.

"Vuelvan ustedes mañana con el niño" -les dijeron.

El niño era grande y parecía sano, no habría nada que temer- esperaba- En cualquier caso mañana saldrían de dudas... Además, con uno habia sido suficiente, (ya habia enterrado un hijo: Alejandro, que los miraba desde el cielo, y los protegía) –se repetía una y otra vez a si misma.

¿Por qué su mente no podía darle licencia durante unos escasos segundos?

Se odiaba a si misma por no poder disfrutar plenamente del nacimiento de su nuevo bebe como correspondía, sin embargo, no podía hacer nada por evitarlo. Quizás, a pesar de que el fatal desenlace no hubiera dependido de ella en anterior ocasión... aún debía quedar en su mente algún reducto de culpabilidad

David era tan bonito...

En realidad era uno de esos bebes de los pocos que nacían hermosotes, ¡¡y eso que había visto muchos recién nacidos a lo largo de su vida profesional!! , pero todos nacían arrugados e indefensos: David no. David era un niño de ojos grandes, nariz respingona, boquita de almendra, rostro redondito, y cuerpo rechoncho.

¡¡Había pesado algo más de 4 kilos!!

. Parecía estar ya criado de tras meses - decían en antaño las abuelas.

Tenia los dedos de las manos cortitos y las palmas muy grandes para ser un bebe. Su madre estaba convencida que esto era un símbolo de la grandeza de ese pequeño nacido de sus entrañas: él había venido a este mundo para algo importante.
Y su nombre, David: "enviado del cielo" ponía el resto de significado a las ilusiones puestas en la vida de ese niño.

Se abrió una puerta, Mary sintió un leve beso en la mejilla, dado con amor.

-Cariño, ya estan aquí.

Gritos, algarabía familiar y ruido de regalos, envueltos en papel barato y el "click-click" de una cámara de fotos moderna, a las que el chiquitín, ahora despierto, respondía con un leve fruncido del ceño.
Padre, hermanos abuelos tíos y familiares cercanos se habían desplazado desde lejos para celebrar el nacimiento del nuevo bebe. A pesar de ser el tercer querubín de la familia, todos lo observaban como si fuera un verdadero milagro de la naturaleza.

Ese mismo día les permitieron volver a su domicilio, ya que la evolución habia sido favorable, Partió hacia su hogar, con su pequeño en brazos y un montón de ilusiones por delante. Sin embargo, los habían emplazado para realizar mas pruebas al bebe en sus primeras 48 horas. Simplemente "formalidades rutinarias", les habia indicado una de las enfermeras antes de marcharse. Lo cual no terminaba de tranquilizar.

De camino al pueblo, reclinada sobre su asiento, su mirada se perdió en el horizonte y su imaginación voló muy lejos en el tiempo.

Estaba con un grupo reducido de íntimos en un parque natural, a las afueras de la ciudad donde se habia criado, disfrutando de una agradable tarde estival tumbada sobre la hierba mirando pasar las nubes y divagando acerca de cual seria su futuro una vez terminara sus estudios de enfermería; Casarse , tener hijos, un trabajo estable - en un hospital pequeño, por supuesto- huía de los grandes , por la dificultad que entrañaba hacer nuevos amigos-, en los pequeños todo el mundo se conoce, se decía.

Las relaciones personales siempre habia sido para Mary una asignatura pendiente; la juzgaban de charlatana, simpática y extrovertida, sin embargo tanta conversación no era más que el fruto del temor irracional al silencio que se crea entre dos personas al terminar una frase y no comenzar otra. Si alguien supiera que durante los intermedios en la facultad de medicina se escondía en los estrechos y malolientes habitáculos de los aseos ,para ingerir a rápidos bocados un trozo de sándwich, con el fin de no tener que ocupar su asiento en algún grupo ya formado donde compartir almuerzos, risas y conversaciones…

Había sobresalido siempre en sus estudios, destacaba por su inteligencia y aprendía con facilidad pasmosa, Jamás se habia permitido un suspenso, pero lo que nadie he habia enseñado era la teoría de relacionarse con la sociedad mas cercana y mucho menos con los demás.

Y, por supuesto, la vida tampoco le habia dado oportunidad de desenvolverse por si misma y auto-formarse en las relaciones interpersonales. Mary, fuera de su entorno, se sentía un bicho raro incapaz de integrase con éxito en el mundo, fuera de contexto, y a pesar de su belleza física, (morenaza de ojos almendrados, cara dulce, de buen porte y mejor estar, agraciada físicamente por la mano del Creador) Mary se escondía detrás de ropajes poco llamativos y desaliñados con el fin de pasar desapercibida al mundo. Su mundo se reducía a estudiar, a crear sus relatos a lápiz en cualquier raído cuaderno de canutillo (era incapaz de utilizar las nuevas tecnologías para este menester) y a sus únicos cuatro amigos, que conservaba desde su época de instituto. El resto de su vida social, fluía entre sombras, simplemente, la evitaba.

El gemido del bebe en el asiento de al lado le hizo regresar a la realidad... David se movía inquieto dentro del capazo. Mary lo acunó entre sus brazos, mientras cruzaba una mirada de complicidad con su marido a través del retrovisor. Las comisuras de sus labios esbozaban una sonrisa: David se ponía tan feo mientras lloraba...

-¿Has visto que carita? ¡Que niño más feo cuando llora!-Mary se ríe- Cuando te mira parece un Koala, con esos ojos tan grandes... —le dijo a aquel hombre que le sonreía a través del retrovisor.- ¡uy! Me lo comería.

Mary, emocionada por la llegada del nuevo bebe, no paraba de hablar. Saltaba de un tema a otro; Algunos no venían a cuento, pero asi era ella, y seria imposible que cambiara ya a estas alturas de la vida, pensaba George.

Para George, a sus 45 años, este niño suponía una segunda oportunidad en su vida. Al menos en esta ocasión, nadie habia levantado la sabanita del hospital en la que habia sido envuelto para comprobar la existencia de deficiencia en sus piernecitas, como si cualquier deformidad, por el mismo hecho de serla, fuera achacable a él.
En esta ocasión, todos habían celebrado el feliz acontecimiento, sin distinción y sin hacerle sentir menos valorado... Mary siempre insistía en lo mismo, he habia costado comprenderlo, pero el tiempo le habia demostrado que esta familia era distinta y no se avergonzaban de su minusvalía. Al contrario lo consideraban válido y capacitado para mucho más de lo que él

pudiera imaginar. Le respetaban, especialmente por la trasformación positiva que habia provocado en la personalidad de su hija desde el momento en que habia entrado en su vida, en realidad se lo imaginaban como un hombre bueno y atento hacia ella y creían que ello debía ser la causa del bienestar emocional de su hija pues era lo que ella les había transmitido.

George era su segunda oportunidad , un ser al que Mary amaba y respetaba por encima de todo, con veneración, sin valorar si lo mereciera o no , pes la habían educado así, en el respeto y entrega a la familia .
George reservado y hermético, muy suyo y de carácter recio no se dejaba conocer con facilidad, por lo que Mary iba descubriendo su personalidad poco a poco a base de errores y tropiezos, juntando ,a base de sufrimientos en ocasiones innecesarios, las partes que iba conociendo de él y formando con ellas un conglomerado, como piezas de un puzle mayor.

Mary por su parte se había convertido en un ser miedoso, dependiente, frágil, insegura, cariñosa -quizás hasta el hastío- y parecía que siempre buscaba aprobación para todo lo que hacia o pensaba; tal era su inseguridad que habia pasado todo su vida intentando agradar a los demás, convirtiéndose en aquello que creía que los demás deseaban que fuera .

George, por el contrario, independiente, seguro de si mismo, carismático, y parco en palabras y en afectos, sin embargo siempre presente, protegiéndola hasta de sí misma y amándola, -suponía Mary- aunque a su manera, lo cual no siempre era suficiente. Pero si algo destacaba en George, era su paciencia. (Paciencia con ella, con sus hijos y con todo lo que les rodeaba, que no era poco.).Mary, le estaba enormemente agradecida, ya que George habia abandonado todo para estar a su lado, sin apenas conocerla, tras los peores momentos de su separación y nunca le habia importado ejercer de padre de unos hijos que no eran suyos y en los que se volcaba como si realmente lo fueran. Para Mary, durante un tiempo, George había sido un ángel que había inundado sus vidas, evitando que ella cayera en el abismo.

Definitivamente Mary se arropaba queriendo ver sólo aquello que le daba estabilidad, idealizando una relación que ya hacia algún tiempo no funcionaba cómo debía hacerlo.

Ese mismo tiempo que posteriormente le mostró que jamás había llegado a conocer al hombre al que se entregaba y que ella veía en él sólo aquello que su corazón podía soportar,… justificando todo lo demás…

Pero eso ya es otra historia…

Cuando Mary llego a casa se dejo cuidar, delegando el cuidado de su nuevo bebe en su familia, por una extraña razón era incapaz de encargarse de todo, y mucho menos de sentir afecto por el bebe. Habia algo extraño en las palabras de su médico antes de abandonar el hospital , algo que le resultaba familiar y que ya habia vivido en otra ocasión, salvo que aquella fuera para informarles que su hijo no viviría. Finalmente el cansancio pudo más que su temor y Mary cayó rendida en los brazos de Morfeo.

Capítulo II

El latido del corazón roto

-Ya está– dijo el especialista mientras trascribía los datos que había obtenido de un ecógrafo a la pantalla de un ordenador - Mamá ya puede vestir a su bebe.

Sin mediar más palabra. Sin una explicación.

Mary, impaciente, esperaba que les dedicara el tiempo necesario para informarles. Durante la espera, el corazón palpitaba con rapidez en su pecho, sudaban sus manos y la boca se le había secado repentinamente; podía anticipar la respuesta del facultativo: era consciente de que su hijo se fatigaba enormemente (las mamás siempre nos fijamos en esos pequeños detalles), cuando el bebe succionaba se aferraba al pecho sin sacar provecho alguno, y que diminutas perlas de sudor inundaban sus sienes al alimentarse, lo que apenas conseguía. El bebé, apenas lloraba, se ponía azul y al instante se quedaba quieto y silente, agotado por el esfuerzo; los cabellos quedaban lacios y pegados entre sí, empapados por el sudor. Mary conocía perfectamente los síntomas que tantas veces había visto por su profesión, pero aplicados a su hijo, era incapaz de ponerle la etiqueta, como si con ello le protegiera de padecerlo.

-Su hijo padece una cardiopatía congénita…- comenzó a explicar el doctor.-Su corazón… …insuficiencia… …congestión… …

Mary hacía todos los intentos por escuchar con atención las explicaciones del facultativo, sin embargo su mente ya no estaba allí.
Las explicaciones flotaban a su alrededor, más era incapaz de comprender su significado, a pesar de que lo conocía perfectamente ya que había trabajado en la unidad de cardiología sus últimos 5 años. Supuso que al salir de la consulta, algo más relajada y menos implicada emotivamente, comprendería totalmente la trascendencia de sus palabras. Al fin y al cabo, hay reacciones fisiológicas que nos defienden de aquello que nos

causa daño o dolor, e imaginaba que el bloqueo mental sería una de ellas. La información estaba allí, en alguna parte de su cerebro, sólo habia que esperar al momento oportuno para ponerlas en orden.

El viaje de vuelta hasta casa, ambos lo hicieron en silencio. George conduciendo en la parte delantera, de forma autómata, mirando más al infinito que a la propia carretera. Mary en el asiento trasero, con el pequeño en brazos. No había motivo para sacarlo de la seguridad del capazo durante el trayecto, pero era incapaz de soltar al bebé, apretándolo contra su pecho, como si con ello lograra protegerlo de un futuro incierto.

Significaba tanto este niño para los dos…Iba a ser duro para ambos. (La muerte de Alejandro se habia saldado tan solo unos meses después con el fin de un matrimonio y Mary no quería que esto mismo le volviera a ocurrir; No con George)
Y sobre todo iba a ser muy duro para el pequeño David: ya lo estaba siendo. Bajó la mirada y se encontró con la carita del pequeño. El niño, en sus brazos, dormitaba, ajeno a todo el drama que se habia generado en torno a su persona.

No sé si aguantará - pensaba – David es un niño fuerte. –aunque no estaba segura ni de sus propias aseveraciones. Tantos sueños y proyectos destruidos…en un segundo.

Su mente divagaba, sin control.

La pareja se crea para compartir la vida y hacer realidad, juntos, un sueño, en el que suele entrar en juego la creación de la vida, la transmisión de lo que somos a otros seres. Con el embarazo, los castillos y las expectativas vuelven a crecer, soñamos con hijos hermosos, ideales, llenos de fuerza y capaces de todo, incluso los proyectamos capaces de todo aquello de lo que nosotros no fuimos capaces. Al recibir el diagnóstico de que nuestro hijo no es perfecto, que un órgano vital está lesionado, en un santiamén todos aquellos castillos y sobretodo los ideales caen y nos derriban. Las sujeciones desaparecen, delante aparece un abismo por donde se cae. Aparece el duelo, el de pasar de lo ideal a lo real, de lo que hemos soñado que iba a ser nuestro hijo a lo que verdaderamente es.

Una cardiopatía congénita….el motor de la vida lesionado… y también sus vidas.

Un par de semanas después George aún era incapaz de imaginar por qué David, se consumía día a día, sin que él pudiera hacer nada por evitarlo; Sentía tanta impotencia, tanta frustración. Deseaba cambiarse por él, evitarle ese sufrimiento. David empleaba toda su energía en poder vivir y apenas se alimentaba. Le suponía tanto esfuerzo…. Junto a él, Mary dormía agotada.

Ella, que siempre había sido tan insegura, parecía controlar la situación. George comprendía que esa seguridad que proyectaba no era más que una coraza que la protegía de la miseria y sufrimiento de la que era testigo cada noche en el hospital y que ahora le acompañaba en su casa, en la enfermedad de su propio hijo, al que trataba casi con profesionalidad médica, la valoración de la clínica q hacía cada mañana y anotaba en un diario, las pautas medicamentosas seguidas a rajatabla…
George sabia que tarde o temprano, esa coraza se haría añicos, y temía no saber qué hacer en el momento en que se Mary se derrumbase. Debía actuar como baluarte de amparo y defensa, fuerte y recio, sin embargo, en la soledad de la noche, mientras ella dormía, George, empapado en sudor frío, angustiado, se erguía para comprobar la respiración de su hijo, que dormía situado a los pies del lecho matrimonial ya que no se habían atrevido a alejarlo más, por si no percibían las necesidades del niño.

Era un hombre rudo que no solía llorar. La vida lo había hecho así, de cualquier modo el sufrimiento iba por dentro. No le salían lágrimas…no le quedaban.

Mary se había tenido que centrar en los cuidados del recién nacido, olvidándose de si misma y dejando el cuidado de sus hijos mayores, durante estos primeros días, al cargo de sus familiares, a fin de poder descansar y recuperarse para lo que intuía que les esperaba.

Nunca se había alejado de sus hijos durante mucho tiempo, les dedicaba su vida.

Del trabajo a casa y de casa al trabajo, la empresa, su marido, sus hijos, sus mascotas… sin vida social, sin dedicarse un momento a sí misma, aún llegando a sentirse culpable por no estar ahí para cubrir sus necesidades mientras hacía sus turnos en el hospital-era por ello que había escogido trabajar de noche ya que así sólo faltaría a los suyos cuando estos dormían y no la necesitaban-.
No esperaba que valoraran tal esfuerzo de multiplicarse y estar en tantos lados a la vez, ya se había acostumbrado a que nadie viera su sacrificio diario para ejercer como una buena y amorosa madre. De hecho nadie lo veía.

Sin embargo en esta ocasión, llevaba ya varios días sin comunicarse con ellos, por no hablar de ocuparse de si misma.

George había quedado relegado al último lugar en el ranking de afectos de Mary. No obstante, a pesar que deseaba ver las cosas de otro modo, estaba seguro que lo que todavía quedaba por llegar ,sería aún más duro: ver extinguirse la vida de tu hijo entre tus manos sin poder evitarlo. Prefería no pensar en ello, como si asi el problema desapareciera por un instante. Sin embargo un segundo después, la angustia regresaba…

Durante los meses siguientes la vida de Mary y George se había convertido en un peregrinar de consulta en consulta, volverse expertos en mediciones farmacológicas para no errar en dosis de formulas magistrales que no siempre encontraban en su entorno más cercano... inquietud a media noche al cesar la respiración del bebe momentáneamente, para después volver a respirar.

Respecto a la relación entre ellos, la cardiopatía acababa ganando terreno hasta ocupar demasiado espacio de la pareja transformándose ésta, en la mayoría de las ocasiones, en un gran fantasma capaz de generar los mayores miedos y angustias; El silencio...

Eso y un "hacerlo sin ganas" y en silencio, más por evasión que por necesidad de sentir afecto.

Sus vidas se habían roto.
Y el ver morir a David, día a día, estaba resultando demasiado duro.

Ambos desconocían si todo ello podría con el afecto que se tenían: la tensión, la espera y la angustia estaba minando su relación. Una relación que ya de por si no atravesaba sus mejores momentos.

Sin embargo no estaban dispuestos a tirar la toalla, aún no. Mientras quedara un último aliento de vida en David, la batalla no estaba perdida. Y ellos no iban a ser quienes se rindieran, no al menos fácilmente.

Capítulo III

**El corazón es un niño:
espera lo que desea**

Aquella mañana de diciembre, David se despertó una vez más empapado en sudor. Al asirlo en brazos, Mary observó que el niño estaba ardiendo;

Los pequeños de la casa habían caído enfermos con los primeros días de invierno y a pesar de la prohibición de acercarse al bebe y de lavarse las manos para poder le, Mary temió haber sido la culpable de que le trasmitieran el virus, ya que en casa no utilizaban mascarilla, puesto que David le asustaban.

Corrió al salón en busca de su marido. El especialista les había indicado la gravedad que tendría cualquier infección en el bebe, sobrecargando su corazón, llevándolo al límite, nada que ella no indujera: tan sólo era preciso observarle: sin fuerzas, con los bracitos inertes a ambos lados de su cuerpo y mirándolos a todos con esos ojos tan grandes, suplicantes, mientras que su corazón parecía salirse del pecho y los labios y sus deditos se habían tornado de un color céreo azulado.
Nuevamente regresaron al hospital con su bebe en brazos, en realidad se habían vuelto asiduos a las urgencias, se podía decir que acampaban allí.

En la urgencia del hospital, Mary y George estaban seguros de que si no decidían operar pronto, su corazoncito no aguantaría otro envite como este. No llegarían a las Navidades ya que David apenas habia ganado un miserable kilogramo en cinco largos meses, y cada vez estaba mas débil; sin embargo, luchaba con todas sus fuerzas, y eran tal sus deseos de vivir que a los pocos días habían recibido el alta, y el bebe estaba de nuevo en el hogar, con el calor de los suyos.

Después de todo habia sido una suerte que el niño naciera en época estival, pues sinceramente dudaban que de otra manera el niño hubiera podido sobrevivir. Si los primeros cambios climáticos habían tenido ese resultado, que no provocarían los fríos del invierno.

Tras este episodio, Mary adelantó la cita con el especialista dos semanas. Tal era su seguridad de que no podrían esperar mucho más tiempo.

Mientras ella esperaba en la salita con David en brazos, George habia buscado un resquicio de aire fresco en la salida de emergencia de la quita planta del hospital General, donde, a pesar de estar prohibido en las dependencias, fumaba ansiosamente un cigarrillo.

No soportaba esperar en las incomodas sillas de la sala de espera, donde todos los padres dirigían miradas rápidas y furtivas a otros bebes y otros padres, esperando encontrar en ellos los síntomas que encontraba en el suyo y que estos no parecían padecer.
¿Que extraña afección aquejaría a cada uno de ellos?

Observando más las caras angustiadas de sus padres que los síntomas de los propios niños, se podía sacar más información que de los propios bebes. Los pequeños, ajenos a todo, jugaban.

En las butacas del fondo, junto a Mary, habia un matrimonio de mediana edad, la mujer secaba sus lagrimas sin hallar consuelo. Lloraba copiosamente.

Se estaban realizando obras de remodelación en el hospital, así que la consulta de cardiología infantil habia sido relegada a una planta que no le correspondía, junto a Cuidados Intensivos, donde un adolescente de 14 años se debatía entre la vida y la muerte por un atropello del que no habia sido culpable, pero del que habia quedado muy mal parado al no llevar el casco de seguridad mientras circulaba con su moto.

George miró a su esposa: los ojos de Mary estaban vidriosos; tantos años en el hospital no habían podido curtirla ante el dolor ajeno. Mary era demasiado sensible… demasiado buena….Deseó asirla con fuerza, a ella y al niño y abandonar el hospital, tanta miseria y enfermedad… queriendo huir de una cruda realidad que le atormentaba.

Pero allí estaba David, con las facciones marcadas y los ojos muy abiertos mirándole.

George sonrió cuando se le vino a la mente lo que Mary tantas veces repetía cariñosamente… Era verdad que parecía un "Koalilla", con los ojos redonditos, el dedo pulgar en la boca, Allí estaba, agazapado, asiendo la chaqueta con la mano libre para no caerse y el puño bien cerrado, para no perder el raído sol de trapo por el que el niño sentía querencia.

Apuro su cigarro y regresó a su asiento. Mary habia insistido mucho en que le acompañara al menos esta vez, (a pesar de su aversión a los hospitales, donde George habia pasado la mayor parte de su infancia), convencida que les propondrían la cirugía.

Les habían emplazado un 29 de diciembre, en un hospital de mayor referencia lejos de casa, para revisar el caso clínico, sin embargo, David llevaba ya 3 días si apenas probar bocado, con una ligera infección respiratoria que para él significaba luchas contra el caballo de trolla, nada más evaluar al pequeño, la decisión fue que permaneciera ingresado para intervenirle en el plazo de 24 horas, en caso de que la fiebre y su estado lo permitieran.

Mary y George apenas tardaron dos segundos en decidirse. No cabía opción, ya que la vida de su hijo, su pequeño David, estaba en juego y tanto Mary como George eran conscientes de que esta era la ultima oportunidad que su bebe tendría de seguir viviendo, pues el pequeñín, faltándole las fuerzas, se había negado a ingerir bocado alguno y se estaba consumiendo hora a hora, segundo a segundo.

Aquella noche fue la más larga para ambos. George en casa, asustado, invadido por la angustia y la impotencia de no poder estar junto al bebé: le habían robado lo que podrían ser, las últimas horas de vida de su hijo antes de la intervención, ya que sólo permitían la estancia de un familiar.

Mary, en el hospital ,inquieta, temerosa, viendo pasar las horas, que se hacían eternas, acunando a su hijo, cantando una nana, aprovechando cada segundo de su contacto físico, como si fuera el ultimo…

Rezaba, acariciaba al bebe…

No quería llorar, sabía que si lo hacia, se derrumbaría totalmente,

Quería creerlo, sin embargo no tenia convencimiento de que finalmente operaran al bebé, la fiebre era alta, mas si no lo intervenían, estaba convencida que significaría su muerte unos días después, sino ese mismo día. El corazón del bebé latía a 290 latidos por minuto. No sabía cuanto más podría resistirlo antes de entrar en shock.

Deseaba poder negociar una tregua con el Santísimo, pero se habia alejado bastante de la Iglesia desde la muerte de Alejandro y no se consideraba digna para solicitar tal fin, asi que simplemente rezó sin más, pretendiendo ablandar asi el corazón del Creador sin necesidad de alzar su voz para solicitar tal gracia.

Hacia mas de dos horas que habia tenido que iniciarse la intervención, no obstante, Durante la noche, David habia recibido la visita de dos facultativos que dudaban de la idoneidad de intervenir al pequeño debido a su estado infeccioso y febril.

Aparte del miedo a perder a su hijo, y no menos importante, era consciente de la importancia de mantener la compostura cara a la galería para no preocupar a los suyos y lo que era mas importante, hacia George, que miraba en el reflejo de sus ojos constantemente esperando encontrar algún indicio de...

Al fin y al cabo ella era la única con conocimientos médicos de la familia .Cuando llegaron todos se esforzó por sonreír con naturalidad.

Finalmente llegó el momento.

Con el fin de que el bebé estuviera tranquilo a Mary le permitieron permanecer con él en la sala de pre anestesia.

Nunca se había fijado en eso cuando habia estado en el hospital. ¡Qué frías y sin vida resultaban las instalaciones hospitalarias!

Estaba sentada al borde de una cama cuando distinguió pasos, alguien se acercaba. Agudizó el oído... (Ya es la hora, se dijo) Finalmente entraron dos mujeres de uniforme; no había nadie más en la sala, por lo que sospechaba que irían hacia ella. Una de ellas se acercó, saludó a Mary e hizo una carantoña al bebé, alejándose poco después.

Mary hizo un esfuerzo por escuchar lo que decían;
Ella no había informado de su condición de sanitaria , por lo sacó provecho del error que cometen muchos sanitarios cuando hablan con tranquilidad ,creyendo que nadie les entiende .entre

tecnicismos, llegaron a sus oídos ... arriesgado... antibiótico...
esperar...   infección...porcentajes,...probabilidades...Creyó
desmayar.

¡No pensaban operar a su bebe!

Le fallaron las fuerzas, se apoyó en la cama, casi dejando caer a
su bebe, deseaba gritar ¡Háganlo! ¡Da igual, Háganlo! Si no lo
hacen mi hijo morirá. Está demasiado débil. No aguantará otro
día más...

Pero solo un grito ahogado e imperceptible salió de su boca.

Miraba con ojos asustados, y giros rápidos de cabeza, buscando
el apoyo de alguien conocido en quien hacerse más fuerte, mas
no encontró a nadie;

Estaban solos: David, ella y ¡un montón de gente que no iba a
hacer nada!

Impotente, abrazó con tantas fuerzas a su hijo contra el pecho,
que no fue consciente que le estaba ahogando,

En ese instante el pequeño faltándole el aire, se agitó y comenzó
a llorar, pero ya era tarde, los anestesistas habían abandonado la
sala. Y Mary estaba llorando amargamente.

Comprendía que su hijo había sido sentenciado a muerte.

David, por el esfuerzo del llanto, sudaba copiosamente.

Una de las enfermeras le acercó un pañuelo de celulosa para que
se secara las lágrimas.

-Por Favor, inténtenlo por favor...está muy mal -dijo Mary.

-Tranquila, cariño.Vendrá un médico a informarte.-respondió

Mary aguardó unos dos minutos más, que se hicieron eternos; Un par de enfermeras del grupo desaparecieron. Por otra parte David parecía mas vivo que nunca, el niño estaba inquieto y no dejaba de moverse y de balbucear, sudaba copiosamente, fruto de la fiebre y del sofoco. Parecía que quisiera decir: ¡Eh! ¡Eh!, ¡Estoy aquí!

Finalmente apareció una de las anestesistas y se acercó a Mary.

David era un niño que llamaba la atención por sus ojos tan grandes y expresivos; El pequeño, tan sólo vestido con una sabanita, la observaba en silencio, con los ojos muy abiertos , el pulgar en la boca y el pelo antes ensortijado, ahora y lacio sudoroso, pegado a su cara.

-Bueno,…- se detuvo un momento y sonrió, intentaba ser agradable- es una cirugía arriesgada ya que las condiciones no son las más favorables, los porcentajes de probabilidad de éxito no estan a nuestro favor… -cogió al bebe en brazos-

… pero vamos a operarle. Puede esperar en la sala de espera, si lo desea. Luego les informarán.

A Mary le dio un vuelco el corazón. No sentía su peso, era como si flotara. No diría nada de lo que había oído o le habían dicho. Besó a David, se recompuso y salió a la sala espera junto a sus familiares. Junto a George.

Aquellas fueron las 5 horas mas largas de su vida. Alguien comento, irónicamente, con el fin de romper la tensión que "Cinco horas con Mario" hubiera sido una lectura adecuada para pasar el rato, a lo que alguno le obsequió con mirada llena de rencor.

No era el momento de hacer chistes baratos. Sin embargo no fue Mary quien recriminó la actitud...

Mary sonreía, y con su verborrea habitual -más por los nervios que por ganas de hablar- pretendía hacer la espera lo mas llevadera posible estando incluso graciosa en ocasiones, charlando animadamente de diferentes temas ajenos a la intervención, dando muestras de que estaba todo bajo control, que no habia de que preocuparse,

David estaba en buenas manos, quería transmitir.

Sin embargo sus sentimientos eran otros.

Estaba muerta de miedo. Evitaba a toda costa la mirada directa de George, quien más la conocía y podía ver que su actuación no era más que una careta.

En ocasiones, buscaba, con la vista, el reloj en la pared, preocupada porque aun no habia noticias. Pasaba demasiado tiempo. Comenzó a sospechar que algo podía ir mal.

La intervención se prologó más de lo que esperaban, las 5 horas se convirtieron en toda una jornada. A Mary le iba a ser difícil disimular por más tiempo. Rompió a llorar.

Era lo que cabía esperar, por lo que nadie se extrañó. Pero bajo la superficie habia mucho más. Quizás el niño no habia podido soportar la anestesia...o el despertar no hubiera sido tan sencillo... ¿Es que nadie saldría a informarles?

Finalmente se abrió la puerta de acceso a los quirófanos y George y Mary, junto con el resto de sus familiares y amigos que se habían desplazado Se arremolinaron en torno al especialista que había intervenido a David.

-Todo ha ido como cabía esperar. –Dijo el médico –hemos tenido alguna dificultad, pero todo ha ido bien….

-Lo hemos trasladado a la UVI de lactantes, Esta conectado al respirador, lo mantendremos asi durante las primeras 24 horas.

-Luego podrán verlo.

Mary emocionada quedó muda, deseaba agradecérselo, pero no articuló palabra, sencillamente no le salía ni el aliento. Dada su impulsividad tan sólo se le ocurrió abrazar fuertemente al facultativo, a pesar que estuviera fuera de contexto, interrumpiendo su intervención. Era su forma de dar las gracias.

George y ella se fundieron en un largo abrazo, temblando; amargas lagrimas, tanto tiempo retenidas, rodaban por sus mejillas. George con los ojos húmedos por la emoción, la rodeaba con sus brazos.

-Tranquila, tranquila, -decía.-Ya está todo.

Por su mente solo pasaba la idea de que David había vuelto a nacer.

Un treinta de diciembre de dos mil seis celebraba nuevamente su llegada al mundo, esta vez sin problemas… y con el todas las ilusiones, proyectos y esperanzas que sus padres habían depositado en él.

Había comenzado una nueva vida…para ellos, para sus hijos…

para David.

¿Quién había dicho que con pies pequeños no se puede andar un gran camino?

La prueba estaba ahí… latente… palpable… en su amado hijo.

Mary cerró los ojos, y con ello un capítulo de su vida. Dios les había dado una nueva oportunidad y la iba a disfrutar al máximo…junto a los suyos.

Epílogo

Una **cardiopatía congénita** es una malformación del corazón o de los grandes vasos sanguíneos presente en el feto y en el recién nacido. Algunas cardiopatías congénitas se manifiestan clínicamente en edades más tardías (meses o años más tarde). Los niños nacen con un corazón al que le falta alguna parte o tiene alguna incompleta, o bien tiene orificios en los tabiques que hay entre sus cámaras, o son estrechas o sus válvulas presentan fugas, o los vasos sanguíneos son angostos.

Existen muchos tipos de defectos congénitos del corazón, desde aquellos que tienen un riesgo leve para la salud del niño, hasta aquellos de mayor riesgo que requieren una cirugía inmediata.

La cardiopatía es la patología congénita de mayor incidencia en España que afecta a ocho de cada mil niños nacidos, lo que supone unos 4.000 casos nuevos cada año. La mayoría de estas cardiopatías son leves y solo requieren revisiones cardiológicas periódicas. Otras cardiopatías necesitan intervenciones terapéuticas mediante cateterismo o cirugía. Las cardiopatías más graves requieren sucesivas intervenciones acompañadas de largas hospitalizaciones, así como revisiones periódicas, que se prolongan en ocasiones hasta que los afectados son adultos.

Hasta el momento se desconocen las causas de las cardiopatías congénitas, si bien existen factores de riesgo como enfermedades severas o ingesta de drogas durante el embarazo, antecedentes familiares, alteraciones cromosómicas del niño o la edad de los progenitores.

Texto revisado por: **Dr. Fernando Villagrá**, *Jefe de Servicio de Cirugía Cardiovascular Infantil del Hospital Universitario de La Paz (Madrid).*

Exposición durante la gestación	Defecto	RM
Fenilcetonuria	Cualquier defecto	>6
Diabetes		
Pregestacional	Cualquier defecto	3.1-18
	Defectos Conotroncales	5.55
	Isomerismos derecho o izquierdo	8.3
	D – Transposición de las grandes arterias	3.8-27.2
	Defecto del septum auriculo ventricular	10.6
	Defecto septal	2.9-20.2
	Síndrome del corazón hipoplástico izquierdo	3.9
	Defectos del tracto de salida	3.7-17.9
	Persistencia de conducto arterioso (solo productos con peso>2500)	
Enfermedad Febril	Cualquier defecto	1.8-2.9
	Defectos conotroncales	1.55
	Cualquier defecto obstructivo derecho	2.2-2.9
	Atresia tricuspidea	5.1-5.2
	Cualquier defecto Obstructivo Izquierdo	2.7
	Coartación aórtica	2.7
	Defectos del septum ventricular	1.8
Influenza	Cualquier defecto	2.1
	Defectos de Conotroncal	1.74
	D - Transposición de las grandes arterias	2.1
	Todos los defectos obstructivo derechos	2.5
	Todos los defectos obstructivos Izquierdos	2.9
	Coartación aórtica	3.8
	Defectos del septum ventricular	2.0
	D - Transposición de las grandes arterias con septum ventricular intacto	2.2
	Atresia Tricuspidea	4.3
Rubeola		
	Cualquier defecto	No disponible (+)
	Defectos del septum ventricular	+
	Persistencia del conducto arterioso	+
	Anormalidades de la válvula pulmonar	+
	Estenosis pulmonar Periférica	+
Epilepsia	Cualquier defecto	+

Fuente: Jenkins KJ, Correa A, Feinstein J et al. Noninherited Risk Factors and Congenital Cardiovascular Defects: Current Knowledge. A Scientific Statement from the American Heart Association Council on Cardiovascular Disease in the Young. Circulation 2007;115:2995-3014.**Se redujo el riesgo cuando la madre tomo ácido fólico simultáneamente

Exposición durante la gestación	Defecto	RM
Drogas terapéuticas		
Anticonvulsivantes	Cualquier defecto	4.2
Tocólisis con Indometacina	Persistencia del conducto arterioso	+
Ibuprofeno	Cualquier defecto	1.86
	D -Transposición de las grandes arterias	2.5
	Defecto del septum atrioventricular (síndrome de Down)	2.4
	Defectos del septum interventricular	1.9
	Válvula aórtica bicúspide	4.1
Sulfasalazina	Cualquier defecto	3.4
Talidomida	Cualquier defecto	
Vitamina A	Defectos del tracto (salida)	0.0-9.2
	Defectos del tubo neural (cardiacos y no cardiacos)	0.7-4.8
	Estenosis pulmonar y defectos no cardiacos	0.5
**Trimetoprim con Sulfametoxazol	Cualquier defecto	2.1-4.8
Derivados de la vitamina A /retinoides	Cualquier defecto	+
Drogas no terapéuticas		
Mariguana	Defecto del septum ventricular	1.9
	Síndrome de Ebstein	2.4
Exposiciones ambientales		
Solventes orgánicos	Defecto conotruncal	2.3-3.9
	Síndrome del corazón izquierdo hipoplásico	3.4
	Coartación aórtica	3.2
	Estenosis pulmonar	5.0
	D - Transposición de las grandes arterias con septum ventricular intacto	3.4
	Tetralogía de Fallot	2.7
	Retorno venoso pulmonar anómalo total	2.0
	Defecto del septum atriventricular no cromosómico	5.6
	Anormalidad Ebstein	3.6
	Defectos del septum ventricular	

Fuente: Jenkins KJ, Correa A, Feinstein J et al. Noninherited Risk Factors and Congenital Caridiovascular Defects: Current Knowledge. A Scientific Statement from the American Heart Association Council on Cardiovascular Disease in the Young. Circulation 2007;115:2995-3014.**Se redujo el riesgo cuando la madre tomo ácido fólico simultáneamente

Otros títulos
de la autora

NARRATIVA :

"Las Aventuras de Mary Elizabeth Walnuts" – Narrativa. Novela. 1ª Edición 1987.

"Patty , un Amor Frustrado"- Narrativa.Novela juvenil. 1ª Edición 1997.

"Pandora" – Narrativa.Novela . 1ª Edición 2004.

"La hechicera de las cuevas" – Narrativa.Iinfantal. 1ª Edición 2015.

"Un pequeño bache en el camino" – Narrativa. Infantil. 1ª Edición 2004.

"Corazones grandes …Pies pequeños". Género novela. 1ª Edición 2014. Ampliación y nexos con **"El latido de un corazón roto".** Género novela. 1ª Edición 2016.

"Quiero vivir"- Psicología .Crecimiento Personal. Edición 2011

"Supera tus miedos"- Psicología .Crecimiento Personal. Edición 2012

"Como hacerse Rico ¡¡YA!!" .Educación Financiera para Gente Corriente. –Narrativa. Educativo. 1ª Edición 2007 . 2ª Edición extendida 2014

"Todo sobre forex: Teoría y Práctica"- Finanzas. Educativo. 1ª Edición 2014

Web de autor http://www.isabelnogales.blogspot.com.es/

www.ingramcontent.com/pod-product-compliance
Lightning Source LLC
Chambersburg PA
CBHW071304280526
45788CB00004B/1833